# BEI GRIN MACHT SICH IHR WISSEN BEZAHLT

- Wir veröffentlichen Ihre Hausarbeit, Bachelor- und Masterarbeit

- Ihr eigenes eBook und Buch - weltweit in allen wichtigen Shops

- Verdienen Sie an jedem Verkauf

Jetzt bei www.GRIN.com hochladen und kostenlos publizieren

**Bibliografische Information der Deutschen Nationalbibliothek:**

Die Deutsche Bibliothek verzeichnet diese Publikation in der Deutschen Nationalbibliografie; detaillierte bibliografische Daten sind im Internet über http://dnb.d-nb.de/ abrufbar.

Dieses Werk sowie alle darin enthaltenen einzelnen Beiträge und Abbildungen sind urheberrechtlich geschützt. Jede Verwertung, die nicht ausdrücklich vom Urheberrechtsschutz zugelassen ist, bedarf der vorherigen Zustimmung des Verlages. Das gilt insbesondere für Vervielfältigungen, Bearbeitungen, Übersetzungen, Mikroverfilmungen, Auswertungen durch Datenbanken und für die Einspeicherung und Verarbeitung in elektronische Systeme. Alle Rechte, auch die des auszugsweisen Nachdrucks, der fotomechanischen Wiedergabe (einschließlich Mikrokopie) sowie der Auswertung durch Datenbanken oder ähnliche Einrichtungen, vorbehalten.

**Impressum:**

Copyright © 2017 GRIN Verlag
Druck und Bindung: Books on Demand GmbH, Norderstedt Germany
ISBN: 9783668829824

**Dieses Buch bei GRIN:**

https://www.grin.com/document/441301

Memo Kap

**Trainingsplanung zur Verbesserung der Ausdauer. Körperfett- und Gewichtsreduktion**

**GRIN - Your knowledge has value**

Der GRIN Verlag publiziert seit 1998 wissenschaftliche Arbeiten von Studenten, Hochschullehrern und anderen Akademikern als eBook und gedrucktes Buch. Die Verlagswebsite www.grin.com ist die ideale Plattform zur Veröffentlichung von Hausarbeiten, Abschlussarbeiten, wissenschaftlichen Aufsätzen, Dissertationen und Fachbüchern.

**Besuchen Sie uns im Internet:**

http://www.grin.com/

http://www.facebook.com/grincom

http://www.twitter.com/grin_com

Deutsche Hochschule für
Prävention und Gesundheitsmanagement
Hermann Neuberger Sportschule 3
66123 Saarbrücken

# Einsendeaufgabe

**Fachmodul:** Trainingslehre 2

**Studiengang:** Fitnessökonomie

**Datum
Präsenzphase:** 12.06.2017 bis 14.06.2017

**Studienort:** **Stuttgart**

**Semester:** **Sommersemester 2016**

# Inhaltsverzeichnis

1 DIAGNOSE ........................................................................................................... 3

1.1 Allgemeine und biometrische Daten ................................................................... 3

1.2 Leistungsdiagnostik/Ausdauertestung ................................................................. 5

1.3 Gesundheits- und Leistungsstatus der Person ..................................................... 6

2 ZIELSETZUNG/PROGNOSE ............................................................................. 7

3 TRAININGSPLANUNG MESOZYKLUS ......................................................... 8

3.1 Grobplanung Mesozyklus .................................................................................... 8

3.2 Detailplanung Mesozyklus .................................................................................. 9

3.3 Begründung zum Mesozyklus ........................................................................... 10

4 LITERATURRECHERCHE ............................................................................. 12

5 LITERATURVERZEICHNIS ........................................................................... 14

6 ABBILDUNGS- UND TABELLENVERZEICHNIS ...................................... 15

6.1 Abbildungsverzeichnis ...................................................................................... 15

6.2 Tabellenverzeichnis ........................................................................................... 15

# 1 Diagnose

## 1.1 Allgemeine und biometrische Daten

Tabelle 1: Allgemeine Daten

| Parameter | Daten des Kunden | Bewertung |
|---|---|---|
| Alter | 24 Jahre | Erwachsen |
| Geschlecht | Männlich | |
| Körpergröße | 188 cm | |
| Körpergewicht | 93 kg | BMI (kg/m2) = 26,3<br>Einstufung = Übergewicht |
| | | Tabelle 2: Klassifizierung des Body-Mass-Index (BMI) (World Health Organization, 2000) |
| | | <table><tr><th>Klasse</th><th>BMI (kg/m2)</th></tr><tr><td>Untergewicht</td><td>< 18,5</td></tr><tr><td>Normalgewicht</td><td>18,5-24,9</td></tr><tr><td>Übergewicht</td><td>25,0-29,9</td></tr><tr><td>Adipositas Grad I</td><td>30,0-34,9</td></tr><tr><td>Adipositas Grad II</td><td>35,0-39,9</td></tr><tr><td>Adipositas Grad III</td><td>> 40</td></tr></table> |
| Trainingsmotive | - Verbesserung der Ausdauerleistungsfähigkeit<br>- Körperfettreduktion<br>- Gewichtsreduktion | Gesundheitsorientierte und leistungssteigernde Motive |
| Berufliche Tätigkeit | Student | |
| Aktuelle sportliche Tätigkeit | Seit 2013, Basketball im Verein | Leistungsstufe: Fortgeschritten<br>Trainingsumfang: 3-mal/Woche, 90-120 min/Trainingseinheit |

| Frühere sportliche Aktivitäten | Von 2010 bis 2016, Krafttraining im Fitnessstudio | Leistungsstufe: Fortgeschritten Trainingsumfang: 3-mal/Woche, ca. 90 min/Trainingseinheit |
|---|---|---|
| Zeitlicher Verfügungsrahmen | 3-mal/Woche, 90 min/Trainingseinheit | |

Tabelle 3: Biometrische Daten

| Parameter | Daten des Kunden | Bewertung |
|---|---|---|
| Blutdruck | 114/75 mmHg | Einstufung = optimal |

| Richtwerte zur Beurteilung von Blutdruckwerten gemäß WHO | | |
|---|---|---|
| | systolisch (mmHG) | diastolisch (mmHG) |
| optimal | < 120 | < 80 |
| normal | < 130 | < 85 |
| hochnormal | 130 – 139 | 85 – 89 |
| Hypertonie Grad 1 | 140 – 159 | 90 – 99 |
| Hypertonie Grad 2 | 160 – 179 | 100 – 109 |
| Hypertonie Grad 3 | ≥ 180 | ≥ 110 |

Abbildung 1: Beurteilung von Blutdruckwerten gemäß WHO (AMERICAN HEART ASSOCIATION, 2013)

| | | |
|---|---|---|
| Ruhepuls | 50 Schläge/Minute | Einstufung = Sportler |

Tabelle 4: Puls -Normwerte nach Weineck (2003, S.50)

| Durchschnittsbürger | 60-80 Schläge/Minute |
|---|---|
| Sportler | 50-60 Schläge/Minute |
| Leistungssportler | Unter 50 Schläge/Minute |

| | | |
|---|---|---|
| Orthopädische Probleme | Keine | |
| Internistische Probleme | Allergisches Asthma | Laut dem Arzt des Kunden, keine Beeinträchtigung |
| Ärztliche Behandlungen | Keine | |
| Einnahme von Medikamenten | Keine | |
| Sonstige gesundheitliche | Neurodermitis | Keine Beeinträchtigung |

| Einschränkungen | | | | | | | | | |
|---|---|---|---|---|---|---|---|---|---|
| Körperfettanteil | 19 % | Einstufung: Normal | | | | | | | |

| Alter (Jahre) | Frauen | | | | Männer | | | |
|---|---|---|---|---|---|---|---|---|
| | niedrig | normal | hoch | sehr hoch | niedrig | normal | hoch | sehr hoch |
| 20–39 | < 21 % | 21–33 % | 33–39 % | ≥ 39 % | < 8 % | 8–20 % | 20–25 % | ≥ 25 % |
| 40–59 | < 23 % | 23–34 % | 34–40 % | ≥ 40 % | < 11 % | 11–22 % | 22–28 % | ≥ 28 % |
| 60–79 | < 24 % | 24–36 % | 36–42 % | ≥ 42 % | < 13 % | 13–25 % | 25–30 % | ≥ 30 % |

Abbildung 2: Klassifikation des Körperfettanteils (KFA) für erwachsene Frauen und Männer bis 79 Jahre (Gallagher et al., 2000)

## 1.2 Leistungsdiagnostik/Ausdauertestung

Ausdauertest auf dem Fahrradergometer nach Hollmann/Venrath:
Es handelt sich um eine sportlich aktive Person, die im Verein Basketball auf einem fortgeschrittenen Niveau spielt, von daher eignet sich der Hollmann/Venrath Test. Laut dem Basketballtrainer des Kunden wird 2-mal/Woche ein moderates Ausdauertraining von 1-2 Stunden/Woche durchgeführt, wodurch beim Ausdauertest mit einem Pulsaufschlag von 5 S/min gerechnet wird (Trunz, 2001; IPN, 2004, S. 4)
Zielherzfrequenz: 145 S/min (140 S/min plus einen Zuschlag von 5 S/min)
Durchführung des Ausdauertests:

Tabelle 5: Submaximaler Ergometertest (modifiziert nach Rost, 2002, S. 53; Trunz, 2001, S. 4)

| Testprofil | Hollmann/Venrath |
|---|---|
| Eingangsstufe: | 30 Watt |
| Stufendauer: | 3 min |
| Belastungssteigerung | 40 Watt |
| Umdrehungszahl/min: | 60-80 U/min |
| Pulsobergrenze: | Zielherzfrequenz nach IPN oder 180 – LA |
| Testgröße: | Wattleistung der zuletzt durchgefahrenen Belastungsstufe bei Erreichen der definierten Pulsobergrenze (ggf. zeitinterpoliert) |
| Normbewertung: | relative Watt-Soll-Leistung (Watt/kg KG) |

Tabelle 6: Hollmann-Venrath-Test

| Stufe | Zeit | Watt | Herzfrequenz (S/min) |
|---|---|---|---|
| Stufe 1 | 3 Min. | 30 | 90 |
| Stufe 2 | 6 Min. | 70 | 100 |
| Stufe 3 | 9 Min. | 110 | 114 |
| Stufe 4 | 12 Min. | 150 | 137 |
| Stufe 5 | 15 Min. | 190 | 145 |

Der Test wird nach der Stufe 5, nach 15 Min., 190 Watt und mit einer Hf von 145 S/min abgebrochen und bewertet.

Bewertung: Relative Watt-Soll-Leistung (Watt pro kg) 190 Watt / 93 kg = 2,04 Watt/kg
Die Testperson verfügt laut der Normtabelle für submaximale Radergometertests – Relative Watt-Soll-Leistung (Watt pro kg) bei Männern eine durchschnittliche Ausdauerleistungsfähigkeit (IPN, 2004, S. 8).

## 1.3 Gesundheits- und Leistungsstatus der Person

Der Kunde ist belastbar und hat keinerlei Einschränkungen welche die Trainierbarkeit beeinflussen könnten. Es handelt sich um eine muskulöse Person, da der Kunde einen normalen Körperfettanteil bei einem leicht hohen BMI hat. D.h., es wird sich hauptsächlich auf die Leistungssteigerung konzentriert.

# 2 Zielsetzung/Prognose

Tabelle 7: Zielsetzung/Prognose

| Ziel | Inhalt | Ausmaß | Zeit |
|---|---|---|---|
| 1 | Verbesserung der Ausdauerleistungsfähigkeit | Von 2,04 Watt/kg (durchschnittliche Ausdauerleistungsfähigkeit) zu 3,00 Watt/kg (gute Ausdauerleistungsfähigkeit), nach der Normtabelle für submaximale Radergometertests – Relative Watt-Soll-Leistung | 6 Wochen |
| 2 | Körperfettreduktion | - 5,4% | 12 Wochen |
| 3 | Gewichtsreduktion | 5 kg | 12 Wochen |
| Begründung | Ziel 1: Die Verbesserung der Ausdauerleistungsfähigkeit, welche eine wichtige Rolle im Basketball hat, steht für den Kunden an erster Stelle und wird in 6 Wochen durch einen Re-Test anhand der Normtabelle für submaximale Radergometertests – Relative Watt-Soll-Leistung bewertet (IPN, 2004, S. 8). Ziel 2: Die Körperfettreduktion dient hauptsächlich zur Verbesserung der Ästhetik und der Gesundheit, um Krankheiten wie z.b. Diabetes mellitus II oder Koronare Herzkrankheiten zu vermeiden (Deutsche Adipositas Gesellschaft e.V. [DAG], 2014). Ziel 3: Da der BMI des Kunden als Übergewichtig eingestuft wird, ist eine Gewichtsreduktion zu empfehlen. Denn Übergewicht/Adipositas können zu Folgeerkrankungen, wie z.b. Fettstoffwechselstörungen, eingeschränkte Lungenfunktion mit Atemnot unter Belastung, Bluthochdruck etc., führen (Deutsche Adipositas Gesellschaft e.V. [DAG], 2014). | | |

# 3 Trainingsplanung Mesozyklus

## 3.1 Grobplanung Mesozyklus

Tabelle 8: Grobplanung Mesozyklus

| Mesozyklus | |
|---|---|
| Dauer | 6 Wochen |
| Trainingsziel | Entwicklung der Grundlagenausdauer (GA1/GA2) |
| Belastungsumfang/Woche | 45-160 Minuten |
| Trainingsmethoden | - extensive Dauermethode<br>- variable Dauermethode<br>- intensive Dauermethode<br>- extensive Intervallmethode |
| Trainingsintensität | - 50-60 % $Hf_{max}$ (regenerativ)<br>- 60-75 % $Hf_{max}$ (extensive DM)<br>- 70-85 % $Hf_{max}$ (variable DM)<br>- 80-85 % $Hf_{max}$ (intensive DM)<br>- 85-90 % $Hf_{max}$ (extensive IM) |
| Trainingshäufigkeit/Woche | 2-3-mal |
| Dauer pro Trainingseinheit | - 30 min (regenerativ)<br>- 45-90 min (extensive DM)<br>- 45-60 min (variable DM)<br>- 30-45 min (intensive DM)<br>- 40-43 min (extensive IM) |
| Trainingsgeräte | Laufband, Fahrrad, Crosstrainer |

## 3.2 Detailplanung Mesozyklus

Tabelle 9: Detailplanung Mesozyklus

| Woche 1 | Mo | Mi | Fr | Woche 4 | Mo | Mi | Fr |
|---|---|---|---|---|---|---|---|
| Trainingsziel | GA1 | | GA1/GA2 | Trainingsziel | GA1/GA2 | GA2 | GA1 |
| Tr.-Methode | Exten DM | | Variable DM | Tr.-Methode | Variable DM | Inten DM | Exten DM |
| Tr.-Intensität | 70-75 % Hfmax | | Exten: 70-75 % Hfmax Inten: 80-85 % Hfmax | Tr.-Intensität | Exten: 70-75 % Hfmax Inten: 80-85 % Hfmax | 80-85 % Hfmax | 70-75 % Hfmax |
| Tr.-Herzfrequenz | 123-132 S/min | | 137-167 S/min | Tr.-Herzfrequenz | 137-167 S/min | 157-167 S/min | 123-132 S/min |
| Tr.-Dauer | 45 min | | Exten: 25 min Inten: 20 min | Tr.-Dauer | Exten: 30 min Inten: 30 min | 45 min | 50 min |
| Tr.-Gerät | Fahrrad | | Laufband | Tr.-Gerät | Crosstrainer | Laufband | Fahrrad |
| Woche 2 | Mo | Mi | Fr | Woche 5 | Mo | Mi | Fr |
| Trainingsziel | GA1 | GA2 | GA1/GA2 | Trainingsziel | GA1 | GA2 | GA1/GA2 |
| Tr.-Methode | Exten DM | Inten DM | Variable DM | Tr.-Methode | Exten DM | Exten IM | Variable DM |
| Tr.-Intensität | 70-75 % Hfmax | 80-85 % Hfmax | Exten: 70-75 % Hfmax Inten: 80-85 % Hfmax | Tr.-Intensität | 70-75 % Hfmax | 85-90 % Hfmax | Exten: 70-75 % Hfmax Inten: 80-85 % Hfmax |
| Tr.-Herzfrequenz | 123-132 S/min | 157-167 S/min | 137-167 S/min | Tr.-Herzfrequenz | 137-147 S/min | 167-176 S/min | 123-150 S/min |
| Tr.-Dauer | 50 min | 30 min | Exten: 25 min Inten: 25 min | Tr.-Dauer | 50 min | 40 min | Exten: 25 min Inten: 25 min |
| Tr.-Gerät | Fahrrad | Laufband | Crosstrainer | Tr.-Gerät | Crosstrainer | Laufband | Fahrrad |
| Woche 3 | Mo | Mi | Fr | Woche 6 | Mo | Mi | Fr |
| Trainingsziel | GA1 | GA2 | REKOM | Trainingsziel | GA1 | GA2 | REKOM |
| Tr.-Methode | Exten DM | Inten DM | Exten DM | Tr.-Methode | Exten DM | Exten IM | Exten DM |
| Tr.-Intensität | 60-70 % Hfmax | 80-85 % Hfmax | 50-60 % Hfmax | Tr.-Intensität | 60-70 % Hfmax | 85-90 % Hfmax | 50-60 % Hfmax |
| Tr.-Herzfrequenz | 106-123 S/min | 157-167 S/min | 98-118 S/min | Tr.-Herzfrequenz | 118-137 S/min | 167-176 S/min | 88-106 S/min |
| Tr.-Dauer | 90 min | 40 min | 30 min | Tr.-Dauer | 90 min | 43 min | 30 min |
| Tr.-Gerät | Fahrrad | Laufband | Crosstrainer | Tr.-Gerät | Crosstrainer | Laufband | Fahrrad |

Faustformeln zur Vorhersage der maximalen Herzfrequenz (ACSM, 1998b, S. 975; Kindermann, 1987, S. 244–268; Rost & Appell, 2001, S. 405; Schwarz, Schwarz, Urhausen & Kindermann, 2002, S. 293).

• Hfmax (Laufen) = ca. 220 − LA (± 10-12 S/min)

- Hfmax (Fahrrad) = ca. 200 – LA (± 10-12 S/min)

Hfmax (Laufen): 220 – 24 = 196 S/min

Hfmax (Fahrrad): 200 – 24 = 176 S/min

Tabelle 10: Die extensive Intervallmethode

| Mittelzeitintervalle | Exten IM, Woche 5 | Exten IM, Woche 6 |
|---|---|---|
| Intervalldauer | 1,5 min | 3 min |
| Anzahl der Intervalle | 12 | 9 |
| Intervallpausen | Herzfrequenz < 130-120 S/min; lohnende Pause Pausenrichtzeit: 2 Minuten | Herzfrequenz < 130-120 S/min; lohnende Pause Pausenrichtzeit: 2 Minuten |
| Gesamtbelastungsdauer | 40 min (inklusive Pausen) | 43 min (inklusive Pausen) |

## 3.3 Begründung zum Mesozyklus

Begründung zum angestrebten wöchentlichen Belastungsumfang:

Der angestrebte wöchentliche Belastungsumfang wird benötigt um die Ziele des Kunden verfolgen bzw. erreichen zu können. Da der Kunde genug Zeit aufbringen kann und der Gesundheits- und Leistungszustand so gut wie optimal sind, bestehen gute Voraussetzungen (Hottenrott, 2006, S.64ff.).

Begründung zu den ausgewählten Trainingsmethoden:

Die Trainingsmethoden sind spezifisch auserwählte Methoden, welche dazu dienen die Ziele bzw. das Trainingsziel des Kunden zu erreichen (Hottenrott, 2006, S.64ff.).

Begründung zur Belastungsprogression:

Um eine optimale Steigerung der Ausdauerleistungsfähigkeit zu ermöglichen, wird zuerst die Häufigkeit, dann der Umfang und zum Schluss die Intensität gesteigert (Geiger, 2001, S. 350).

Begründung zu den angesteuerten Trainingsbereichen:

Um das Trainingsziel zu erreichen und um eine Überbelastung zu vermeiden, ist eine aktive Unterstützung der Regeneration durch ein REKOM-Training genauso notwendig, wie die Erhöhung der aerob-anaeroben Leistungsfähigkeit (Hottenrott, 2006; Neumann et al., 2007, S.141)

Begründung der ausgewählten Ausdauergeräte bzw. Bewegungsformen:
Da der Kunde im Verein Basketball spielt, bietet sich das Laufband bzw. das Laufen als geeignete Bewegungsform an. Um die Trainingsmotivation aufrechtzuerhalten und um ein monotones Ausdauertraining zu vermeiden, werden der Crosstrainer und das Fahrrad ebenfalls eingesetzt.

# 4 Literaturrecherche

Tabelle 11: Effekte des Ausdauertrainings bei Übergewicht/Adipositas

| Effekte des Ausdauertrainings bei Übergewicht/Adipositas | | |
|---|---|---|
| Wer hat die Studien durchgeführt? | Schmitz S, Gebhardt C, Mauch E, Montiel G, Foitschik T, Predel H-G, Bjarnason-Wehrens B | K. A. Volaklis, A. D. Christodoulos, A. Th. Spassis, E. A. Volakli, O. Ch. Kougioumtzidou, S. P. Tokmakidis |
| In welchem Jahr wurden die Studien publiziert? | 24.09.2009 | 2004 |
| Mit welchen Versuchspersonen wurden die Studien durchgeführt? | Die Untersuchungsgruppe umfasste 86 AHG-Teilnehmer (mittleres Alter 63,3±10,1 Jahre, Koronare Herzkrankheit (KHK) bei 81,4%), 63 Männer und 23 Frauen, (62±10 Jahre vs. 66,7±9,8 Jahre (p<0,05); KHK bei 87,3% vs. 68,2% (p<0,05)). | An der Studie nahmen im Rahmen eines Rehabilitationsprogramms 27 männliche Patienten mit koronarer Herzerkrankung teil, wobei 14 Patienten der Trainingsgruppe und 13 Patienten der Kontrollgruppe angehörten. |
| Wie sah der Versuchsaufbau der Studien aus? | Die Patienten nahmen über drei Monate zweimal wöchentlich je 60 Minuten an einem individuell dosierten Fahrradergometertraining mit Monitoring und einem Kraftausdauertraining teil. Vor Trainingsbeginn (T0) und nach 3 Monaten Training (T1) wurde eine fahrradergometrische Belastungsuntersuchung (nach WHO-Schema) mit Laktat-Diagnostik durchgeführt. Die statistische Analyse erfolgte anhand einer mehrfaktoriellen Varianzanalyse. | Ein achtmonatiges kombiniertes Trainingsprogramm (2mal wöchentlich aerobes Training bei 60–85 % der bei symptomlimitierter Belastungsuntersuchung erreichten Werte und 2mal Krafttraining bei 60 % der Maximalkraft) durchgeführt. Vor und nachdem therapeutischen Programm sowie nach einem dreimonatigen Trainingsabbruch wurden die anthropometrischen Größen, die Leistungsfähigkeit (mittels Laufbandergometrie), die Ruhe bzw. Belastungshämodynamik und die muskuläre Kraft überprüft. |
| Welche relevanten Ergebnisse und Schlussfolgerungen lieferten die Studien? | Bei der Aufnahme in die AHG war die maximal und relativ erreichte Ergometerleistung der Frauen signifikant niedriger als die der Männer (p<0,001). Nach drei Monaten AHG-Teilnahme erhöhte sich die maximal erreichte Ergometerleistung signifikant in der Gesamtgruppe (p 0,01), was jedoch im Wesentlichen auf einer signifikanten Verbesserung der männlichen Teilnehmer (p 0,01) beruht, wohingegen die Frauen keine signifikante Verbesserung aufweisen. In der Betrachtung der Leistung bei definierten Laktatwerten zeigen sich jedoch deutliche Verbesserungen beider Geschlechter. Während die | Das systematische Trainingsprogramm wirkte positiv auf die Körperzusammensetzung (Körpergewicht: –3,4 %, Hautfaltendicke: –5,8 %, p < 0,05), das Herz-Kreislauf-System (VO2max: +15,4 %, p < 0,05) und die Muskelkraft (+27,8 %, p < 0,05) der Trainingsgruppe. Andererseits hatte der dreimonatige Trainingsabbruch eine Rückbildung der trainingsinduzierten Adaptationen zur Folge (Körpergewicht: +1,8 %, Hautfaltendicke: +3,8 %, VO2max: −10 %, Muskelkraft: −12,9 %, p < 0,05) |

Wattleistung sich bei 2 mmol/l Laktat lediglich bei den Männern signifikant steigert (p 0,01), lassen sich bei Werten von 1,5 mmol/l Laktat, 2,5 mmol/l Laktat und 3,0 mmol/l Laktat jeweils signifikant bessere Ergebnisse, sowohl bei den Männern (p 0,01), als auch bei den Frauen ($p<0,05$), feststellen. Durch das Training in der AHG kommt es zu einer signifikanten Verbesserung der Ausdauerleistungsfähigkeit. Anhand unveränderter Herzfrequenzen trotz deutlich erhöhter Leistung bei definierten Laktatwerten lässt sich zudem auf eine Ökonomisierung der Herz-Kreislauffunktion schließen.

# 5 Literaturverzeichnis

World Health Organization (2000). *BMI classification*.

American Heart Association (2013). *Understanding Blood Pressure Readings*.

Jürgen Weineck (2003). *Sportanatomie*. Spitta; Auflage: 17.

Gallagher et al. (2000). *Klassifikation des Körperfettanteils (KFA) für erwachsene Frauen und Männer bis 79 Jahre*

Deutsche Adipositas Gesellschaft e.V. (2014). *Interdisziplinäre Leitlinie der Qualität S3 zur „Prävention und Therapie der Adipositas"*. Martinsried: S3-LEITLINIE

Hottenrott, K. (2006). *Trainingskontrolle mit Herzfrequenz-Messgeräten*. Aachen: Meyer & Meyer.

Geiger, L. (2001). *Ausdauertraining: Der Sportmedizinische Ratgeber*. München: Coprees Verlag in der Stiebner Verlag GmbH.

Georg Neumann (2007). *Optimiertes Ausdauertraining*. Meyer & Meyer Sport; Auflage: 5., überarb. Aufl.

Volaklis KA, Christodoulos AD, Kougioumtzidou OC, Spassis AT, Tokmakidis SP, Volakli EA (2004). Anpassung nach körperlichemTraining und Detraining bei Patienten mit koronarer Herzkrankheit. *Journal für Kardiologie – Austrian Journal of Cardiology, 11* (9), 363-368.

Schmitz S, Gebhardt C, Mauch E, Montiel G, Foitschik T, Predel H-G, Bjarnason-Wehrens B (24.09.2009). *Effektivität des Ausdauertrainings in der ambulanten Herzgruppe - Geschlechtsspezifische Unterschiede*. Referat Nr. 12 (Kurzreferat), Sitzung PA-2, Institut für Kreislaufforschung und Sportmedizin, Deutsche Sporthochschule Köln.

# 6 Abbildungs- und Tabellenverzeichnis

## 6.1 Abbildungsverzeichnis

Abbildung 1: Beurteilung von Blutdruckwerten gemäß WHO (AMERICAN HEART ASSOCIATION, 2013).................................................................S. 4

Abbildung 2: Klassifikation des Körperfettanteils (KFA) für erwachsene Frauen und Männer bis 79 Jahre (Gallagher et al., 2000)...........................................S. 5

## 6.2 Tabellenverzeichnis

Tabelle 1: Allgemeine Daten.................................................................S. 3

Tabelle 2: Klassifizierung des Body-Mass-Index (BMI) (World Health Organization, 2000)...........................................................................................S. 3

Tabelle 3: Biometrische Daten..............................................................S. 4

Tabelle 4: Puls -Normwerte nach Weineck (2003, S.50)...............................S. 4

Tabelle 5: Submaximaler Ergometertest (modifiziert nach Rost, 2002, S. 53; Trunz, 2001, S. 4)....................................................................................S. 5

Tabelle 6: Hollmann-Venrath-Test........................................................S. 6

Tabelle 7: Zielsetzung/Prognose...........................................................S. 7

Tabelle 8: Grobplanung Mesozyklus......................................................S. 8

Tabelle 9: Detailplanung Mesozyklus.....................................................S. 9

Tabelle 10: Die extensive Intervallmethode..............................................S. 10

Tabelle 11: Effekte des Ausdauertrainings bei Übergewicht/Adipositas...............S. 12

# BEI GRIN MACHT SICH IHR WISSEN BEZAHLT

- Wir veröffentlichen Ihre Hausarbeit, Bachelor- und Masterarbeit

- Ihr eigenes eBook und Buch - weltweit in allen wichtigen Shops

- Verdienen Sie an jedem Verkauf

Jetzt bei www.GRIN.com hochladen und kostenlos publizieren